Tuvo mucho miedo y pensó: "Este Lugar es
Muy Sagrado. Aquí está La Casa de Dios;
¡Es La Puerta del Cielo!

"Génesis, 28:17"

Después de esto, miré y vi
"Una Puerta" abierta en el Cielo;
y La Voz que yo había escuchado primero,
y que parecía un Toque de Trompeta,
Me dijo:
"Sube acá y te mostrare Las Cosas que
Tienen que suceder después de estas."

"Apocalipsis, 4:1"

La Puerta en el Cielo

"Yo Soy "La Puerta" el que a mi
entre, será salvo."

"Juan 10:9"

Jesús volvió a decirles: "esto les
aseguro:
Yo soy "La Puerta" por donde
pasan las ovejas.

"Juan 10:7"

"Entren por "La Puerta" angosta
porque la puerta y el camino
que llevan a la perdición son
anchos y espaciosos, y muchos entran por
ellos; pero "La Puerta" y el camino
que llevan a la vida son angostos y
difíciles, y pocos los encuentran."

"Mateo, 7:13"

2

3

Jesús en Las Nubes

¡Cristo viene en Las Nubes!
Todos le verán,
incluso los que le traspasaron;
y todos los pueblos del mundo
harán duelo y lloraran por El.
Si, así sea.

"Apocalipsis, 1:7"

"Si, vengo pronto, y traigo el Premio que voy
a dar a cada uno conforme a lo que haya hecho.
Yo soy El Alfa y El Omega, El Primero y El Ultimo,
El Principio y El Fin.

Apocalipsis, 22:12 y 13"

Jesús les contesto:
"Yo Soy El Camino: La Verdad Y La Vida
solamente por Mi se puede llegar Al Padre."

"Juan, 10:6"

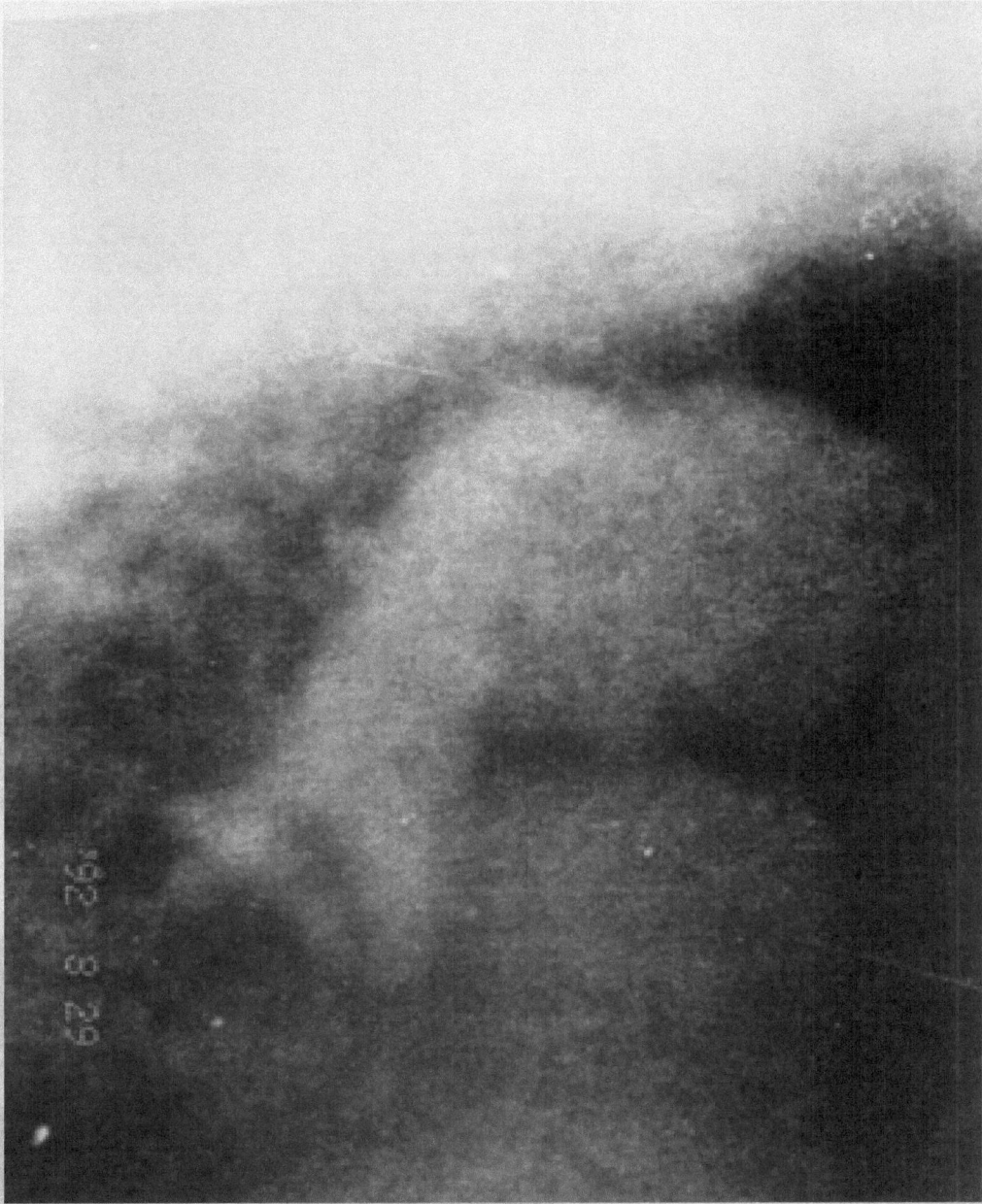

La Virgen en Las Nubes

Apareció en el Cielo "Una Gran Señal":
Una "Mujer" envuelta en El Sol como en
un vestido, con La Luna bajo sus pies y
una "Corona" de Doce Estrellas en la cabeza.
"Apocalipsis, 12:1"

Entonces con Voz muy fuerte, dijo:
¡Dios te ha bendecido más que a todas las
Mujeres, y ha bendecido a Tu Hijo!
"Lucas, 1:42"

Y "La Mujer" dio a "Luz Un Hijo Varón",
el cual ha de gobernar a todas las naciones
con Cetro de Hierro.
"Apocalipsis, 12:5"

El Cuerpo Celestial de La Virgen
Y "La Puerta" con Los Rayos del Sol

Del mismo modo hay Cuerpos Celestes y
cuerpos terrestres; pero una es la
hermosura de un Cuerpo Celeste y otra
la hermosura de los cuerpos terrestre.

"1 Corintios, 15:40"

También me dijo:
"No guardes en secreto El Mensaje Profético"
que está escrito en este libro, porque ya se acerca
el tiempo de su complimiento.
Deja que el malo siga su maldad,
y el impuro siga su impureza:
Pero que el bueno siga haciendo el bien, y
que el hombre consagrado a Dios le siga siendo fiel."

"Apocalipsis, 22: 10 y 11"

"El Rostro de Jesús en Las Nubes"

Jesús le contestó:
El que me Ama hace caso de Mi Palabra;
y Mi Padre lo Amará, y mi Padre y Yo
Vendremos a vivir con él.
El que no me Ama, no hace caso
De Mis Palabra. Y las Palabras que
ustedes están escuchando no son Mías
sino Del Padre, que me ha enviado.
"Juan: 14:23,24"

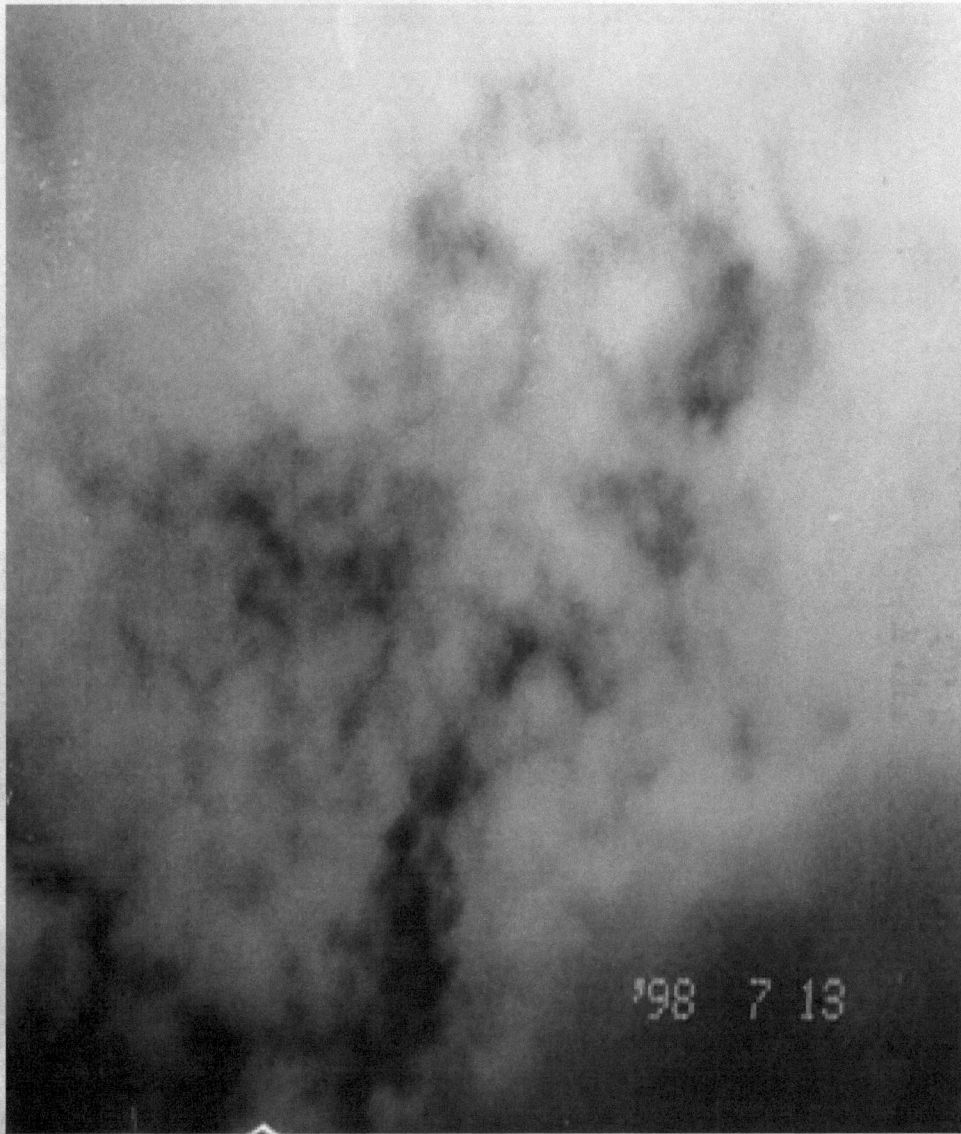

11

"La Puerta" en El Cielo

Hermanos, no se quejen unos de otros,
para que no sean juzgados;
pues Dios que es El Juez, está ya a
"La Puerta."

"Santiago, 5:9"

Dichosos los que lavan sus ropas para tener
derecho Al Árbol de La Vida y poder entrar por
"La Puerta" de La Ciudad.
Pero afuera se quedaran los pervertidos,
los que Practican la brujería,
los que cometen inmoralidades sexuales,
los asesinos, los que adoran ídolos y todos los que
aman y practican el engaño.

Apocalipsis, 22:14 y 15"

El Cuerpo del Ángel Celestial, "La Puerta" y La Media Luna

Si tienes que pasar por el agua,
Yo estaré contigo,
si tienes que pasar ríos,
no te ahogaras
si tienes que pasar por el fuego,
no te quemarás
las llamas no arderán en ti
pues Yo Soy Tu Señor,
Tu Salvador.
El Dios Santo de Israel.

"Isaías. 2,3"

La Virgen en el Cielo con El Rosario en sus Manos

El Ángel entró en el lugar que Ella estaba,
Y le dijo:
¡Te saludo, Favorecida de Dios!
¡El Señor está contigo!
Cuando vio El Ángel, se sorprendió de sus
palabras, y se preguntaba que significaría
aquel saludo.
El Ángel le dijo:
"María, no tengas miedo, pues Tu gozas
del favor de Dios."

"Lucas, 1:28, 29,30"

Entonces María dijo:
"Yo soy Esclava Del Señor;
Que Dios haga conmigo como has dicho.
Con esto, El Ángel se fue.

"Lucas, 1:38"

"La Puerta" y EL Rosario en El Cielo

"Dios, en su sabiduría, dispuso que los que son del mundo no le conocieran por medio de la sabiduría humana, antes bien, prefirió salvar por medio de "Su Mensaje" a los que confían en Él, aunque este "Mensaje" parezca una tontería."

"1Corintios 1:21"

Imágenes Celestiales

El que estaba sentado en el Trono dijo:
"Yo hago nuevas todas Las Cosas,"
y también dijo:
"Escribe porque estas Palabras son verdaderas
y dignas de confianza".
Después me dijo: "¡Ya está hecho!"
Yo Soy Alfa y EL Omega, El Principio y el Fin.
Al que tenga sed le daré a beber Del Manantial
del Agua de La Vida, sin que le cueste nada."

"Apocalipsis, 21: 5y6"

"La Puerta"
y El Cuerpo Espiritual en El Cielo

Lo que se entierra es un cuerpo material
lo que resucita es un Cuerpo Espiritual.
Si hay cuerpo material, también hay
Cuerpo Espiritual.

"1 Corintios, 15:44"

"Pero el que entra por "La Puerta"
es El Pastor que cuida las ovejas
El Potero le abre La Puerta, y El Pastor
llama a cada oveja por su nombre, y
las ovejas reconocen Su Voz.
Él las saca del redil.

"San Juan, 10:3"

La Virgen en el Cielo

El Ángel le contestó:
"El Espíritu Santo vendrá sobre ti, y
El Poder Del Dios Altísimo descansará
sobre Ti como Una Nube. Por eso
El Niño que va a nacer será
Llamado Santo, he Hijo de Dios."
                                        "Lucas, 1:35"

María guardaba todo esto en su corazón
y lo tenía muy presente.
                                        "Lucas, 2:19"

Entonces Simeón les dio la Bendición
y dijo a María, La Madre de Jesús:
"Miren, Este Niño está Destinado a hacer
que muchos en Israel caigan o se levanten.
El será Una Señal que muchos rechazarán
a fin de que las intenciones de muchos
corazones queden al descubierto.
Pero todo esto va a ser para ti como una
Espada que atraviese tu propia Alma."
                                        "Lucas, 2:34 y 35"

El Cuerpo Celestial y "La Puerta"

Entonces Jesús dijo: "Les aseguro
que el que no entra a "La Puerta"
en el redil de las ovejas,
sino que se mete por otro lado,
es ladrón y bandido.

"Juan: 10:1"

Pero mientras aquellas cinco muchachas
fueron a comprar aceite, llegó, El Novio
y las que habían sido previsoras,
entraron con Él en La Boda,
y se cerró "La Puerta."

"Mateo, 25:10"

26

27

"La Puerta", El Cuerpo y Los Ojos Celestiales

Así que manténgase, revestidos de la verdad y
protegidos de la rectitud.
Estén siempre listos para salir a anunciar
El Mensaje de La Paz.
Sobre todo, que su Fe
sea El Escudo que libre de
las flechas encendidas del maligno.
"Que la salvación
sea El Casco que proteja su cabeza,
y que La Palabra de Dios
sea La Espada que les da El Espíritu Santo."

"Efesios, 6:14 al 17"

29

El Círculo en El Cielo

Cuando formaba Los Cielos ahí estaba Yo.
Cuando trazaba El Círculo sobre La Faz de la Tierra.
"Proverbios, 8:27"

Él está sentado sobre El Circulo de la Tierra
cuyos moradores son como langostas.
Él extiende Los Cielos como una cortina.
Los despliega como una tienda para morar.
"Isaías, 40:22"

Imagen Celestial

"Yo sé todo lo que haces; mira, delante
de ti he puesto "Una Puerta" abierta que
nadie puede cerrar, y aunque tienes
pocas fuerzas, has hecho caso de Mi Palabra
y no me has negado.

"Apocalipsis, 3:8"

"Pidan, y Dios les dará; busquen y encontraran
llamen a "La Puerta", y se les abrirá.
Porque el que pide, recibe; y el que busca encuentra;
y al que llama a "La Puerta" se le abrirá."

"Mateo, 7:7"

32

El Cuerpo Celestial unido a "La Puerta"

Se dice: "Yo soy libre de hacer lo que quiera."
Es cierto, pero no todo conviene.
Sí, yo soy libre de hacer lo que quiera,
pero no debo dejar que nada me domine".

"1Corintios, 6:12"

"Pero cuando alguien se une Al Señor,
se hace Espiritualmente Uno con Él."

"1Corintios, 6:17"

"Huyan, pues de la inmortalidad sexual.
Cualquier otro pecado que una persona comete
no afecta su cuerpo; pero el que comete
inmoralidad sexuales, peca contra su
propio cuerpo. ¿No saben ustedes que su
Cuerpo es Templo Del Espíritu Santo
Que Dios les ha dado, y que El Espíritu Santo
Vive en ustedes?

"1Corintios, 6:18 y 19"

Imágenes Espirituales en El Cielo

¿No saben ustedes que los malvados
No tendrán parte en El Reino de Dios?
No se dejen engañar, pues en el Reino de Dios
no tendrán parte los que cometen inmoralidades
sexuales, ni los idolatras, ni los que cometen
adulterio, ni los hombres que tienen trato
sexual con otros hombres, ni los ladrones,
ni los avaros, ni los borrachos, ni los chismosos,
ni los tramposos. Y esto eran algunos de ustedes
pero ahora han sido limpiados y consagrados a Dios,
ya han sido librados de culpas en el
Nombre del Señor Jesucristo y por
El Espíritu de Nuestro Dios.

"1Corintios, 6:9, 10, 11"

Pues por medio de Él, Dios le ha dado Gran Riqueza
Espiritual, así de Palabra como de Conocimiento.
De manera que "El Mensaje" acerca de Cristo ha llegado
a ser una realidad en ustedes."

"1Corintios, 1:5 y 6"

37

La Imagen de La Virgen

Para nosotros no hay más que un solo Dios
El Padre, en quien todo tiene su origen y
para quien nosotros existimos.
Y hay también un solo Señor, Jesucristo,
por quien todas Las Cosas existen, incluso
nosotros mismo.

"1Corintios, 8:6"

La Virgen

¡Dichosa Tú por haber creído que han
de cumplirse las Cosas que El Señor te ha dicho!
María dijo:
"Mi Alma alaba La Grandeza Del Señor";
"Mi Espíritu se alegra en Dios Mi Salvador."

"Lucas, 1:45, 46, 47."

"Porque Dios ha puesto Sus Ojos, en mi
su humilde Esclava, y desde ahora me llamaran Dichosa,
porque El Todo Poderoso ha hecho
en mi Grandes Cosas".

"Lucas, 1:48,49"

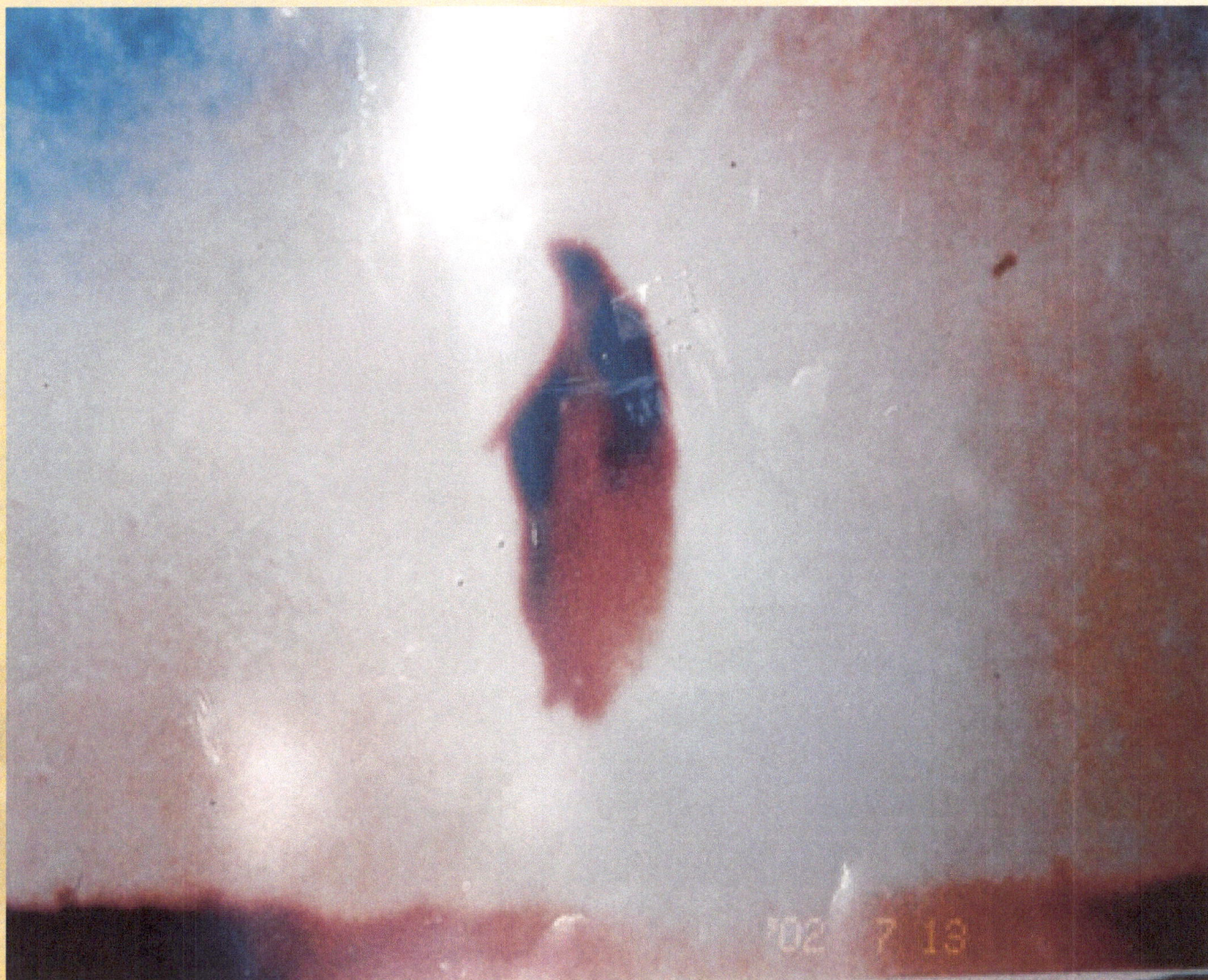

41

Imagen recién tomada Al Cielo

*"De la misma manera, cuando vean
todo esto, sepan que
El Hijo del Hombre
ya está a "La Puerta".*

"Mateo, 24; 33"

42

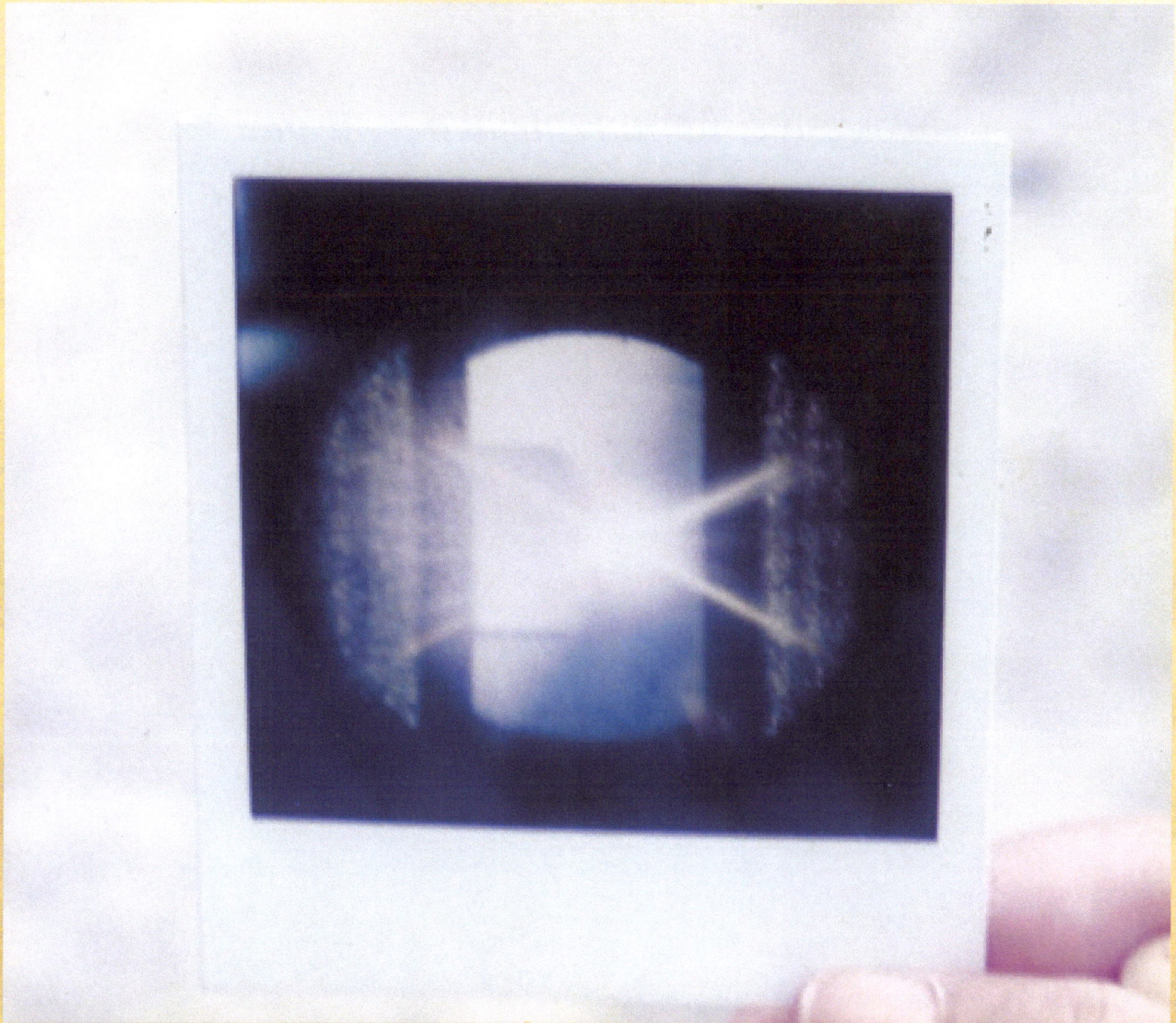

Imagen Celestial

"Por eso el hombre dejará a su padre
y a su madre para unirse a su esposa,
y los dos serán como una persona."
"Esto es un secreto muy grande;
pero yo me estoy refiriendo a
Cristo y la iglesia."
En todo caso, que cada uno de ustedes
ame a su esposa como a sí mismo,
y que la esposa respete al esposo."

"Efesios, 5: 31 al 33"

Cuerpo Espiritual de La Virgen sobre "La Puerta" Celestial

"Sean humildes y amables; tengan paciencia y
sopórtense unos a otros con Amor,
procuren mantenerse siempre unidos,
con la ayuda Del Espíritu Santo y por
medio de la Paz que ya los une".
"Efesios, 4:2 y3"

"Sométanse los uno a los otros
por reverencia a Cristo.
Esposas, estén sujetas a sus esposos
como Al Señor. Porque el esposo es cabeza de la
esposa, como Cristo es Cabeza de la Iglesia,
la cual es su Cuerpo; y así las esposas deben
estar en todo sujetas a sus esposos."
"Efesios, 5:22 al 24"

Presencia Espiritual en El Cielo

Enseguida Jesús se fue un poco más adelante,
Se inclinó hasta tocar el suelo con la frente,
Y oró diciendo: "Padre Mío, si es posible
líbrame de Este Trago Amargo;
pero no se haga lo que Yo quiero,
sino lo que quieres Tu".

"Mateo; 26:39"

"Todos contestaron:"
¡Crucifícalo!
"Pilatos les dijo";
Pues ¿Qué mal ha hecho?"
Pero ellos volvieron a gritar:
¡Crucifícalo!

"Mateo, 27:22, 23"

"El Pan" en El Cielo

Mientras comían, Jesús tomó en sus manos "El Pan" y,
habiendo dado Gracias a Dios, lo partió
y se los dio a los discípulos, diciendo:
Coman, Esto es "Mi Cuerpo".

"Mateos, 26:26"

"Aunque somos muchos, todos comemos
de un mismo "Pan", y por esto somos
un mismo Cuerpo".

"1Corintios, 10:17"

Igualmente, todos ellos comieron el
mismo Alimentó Espiritual y tomaron
la misma "Bebida Espiritual".

"1Corintios, 10:3"

"La Copa" en El Cielo

Luego tomó en sus Manos "Una Copa" y,
habiendo dado gracias a Dios
se las pasó a ellos diciendo:
Beban todos ustedes de "Esta Copa",
Porque es mi Sangre, con la que
se confirma "El Pacto", la cual
es derramada a favor
de muchos para el perdón de
Sus pecados.
Pero les digo que no volveré
a beber Este Producto de La Vida,
hasta el día en que beba con ustedes
"El Vino" nuevo en El Reino de Mi Padre.
"Mateo, 26:27"

Por eso mis queridos hermanos,
huyan de la idolatría. Les hablo
como a personas entendidas, y
ustedes mismas pueden juzgar lo
que les dijo. Cuando bebemos de "La Copa Bendita"
por la cual damos Gracias a Dios,
nos hacemos uno con Cristo en su Sangre;
cuando comemos del "Pan" que partimos,
nos hacemos uno con Cristo en Su Cuerpo.
"1Corintios, 10:14"
No pueden beber de "La Copa Del Señor" y,
a la vez, **de la copa de los demonios;** ni
pueden sentarse a la Mesa del Señor y,
a la vez **a la mesa de los demonios.**
"1Corintios, 10:21"

"La Cruz" en El Cielo

"También le escupían, y con la misma vara
le golpeaban la cabeza.
Después, de burlarse así de Él, le quitaron
la ropa roja, le pusieron su propia Ropa
y se lo llevaron para crucificarlo".

"Mateo; 27:30"

"Desde el mediodía y hasta las tres
de la tarde, toda la tierra quedó en
oscuridad. A esa misma hora,
¡Jesús gritó con fuerza!:
"Elí, Elí ¿Lema Sabactani?
es decir:
Dios Mío, Dios Mío,
Porque me has abandonado?"
Algunos de los que estaban, lo oyeron y dijeron:
"Este está llamando al profeta Elías."

"Mateo, 27:45, 46, 47"

"Jesús dio otra vez un Fuerte Grito;
y murió.
En aquel momento el velo
del templo se rasgó en dos, de arriba abajo.
La Tierra Tembló, las rocas se partieron
y los sepulcros se abrieron; hasta muchos
hombres de Dios, que habían muerto,
volvieron a la vida.
Entonces salieron de sus tumbas, después de la
Resurrección de Jesús, y entraron en La Santa Ciudad
de Jerusalén, donde mucha gente los vio".
Cuando el capitán y los que estaban allí
con él vigilando a Jesús vieron el terremoto
y todo lo que estaba pasando, se llenaron
De miedo y dijeron:
"!De veras Éste Hombre era Hijo de Dios!"
"Mateo, 27:50 al 54"

¡Ábranse, "Puertas Eternas!"
¡Quédense abiertas de par en par
y entrará:
"EL REY DE LA GLORIA"!
"Salmos, 24:7"

Explicación

Estas imágenes fueron tomadas
en Apariciones de la Santísima Virgen María
en Medjugorje, Yugoslavia; Coyers, Atlanta, USA
y Hollywood, Florida, USA.

Con la compra de este Libro usted contribuye
a la cura de niños enfermos, huérfanos,
y personas necesitadas.

Juan José Hernández Mirabal
Autor

www.ingramcontent.com/pod-product-compliance
Lightning Source LLC
Chambersburg PA
CBHW061056090426
42742CB00002B/57